Impressum
Verlag: BABADADA GmbH, Nedderfeld 112 , 22529 Hamburg
Geschäftsführer / Verlagsleitung: Harald Hof
Druck: Books on Demand GmbH, In de Tarpen 42, 22848 Norderstedt

Imprint
Publisher: BABADADA GmbH, Nedderfeld 112 , 22529 Hamburg, Germany
Managing Director / Publishing direction: Harald Hof
Print: Books on Demand GmbH, In de Tarpen 42, 22848 Norderstedt, Germany

классная комната
صنف

делить
پارکردن

186/2

доска
تخته

школьный двор
هەوشا دبستانوں

учитель
مامۆستا

бумага
کاغەز

писать
نۇسیاندن

ручка
پۇنئیسک

письменный стол
مێز

линейка
راستەک

книга
پەرتووک

ученик
خوێندمکار

ранец

چەورال

пенал

قووتى نۇئیستوک

карандаш

قەلەمرساس

точилка

نۇئیستوک تووژکر

ластик

ژئبر

альбом для рисования

نۇئیسکا نیگارئ

рисунок

نیگار

кисточка

فرچەیا رەنگێ

коробка красок

قووتی رەنگ

ножницы

مەقەس

клей

لەزاق

тетрадь

پرتووکا فێربوون

домашняя работа

وەزیفا مالێ

цифра

هەژمار

прибавлять

زێدەکرن

вычитать

دەرخستن

умножать

زێدەکرن

считать

هەسباندن

буква

تیپ

алфавит

ئالفابە

слово

پەیڤ

текст

نڤيسیٰ

читать

خواندن

мел

گەچ

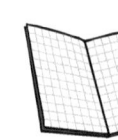

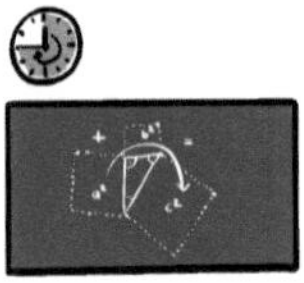

урок

دەرس

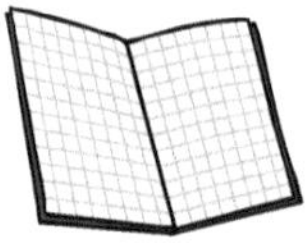

классный журнал

قەيدكرن

экзамен

ئيمتيھان

диплом

شەھادە

школьная форма

كنجا دبستانئ

образование

پەروەردەھی

энциклопедия

زانستنامە

университет

زانينگە

микроскоп

ميكرۆسكووپ

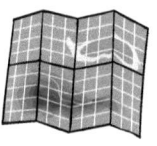

карта

خەريتە

корзина для бумаг

سەپەتا كاخەزیٰ

школа - دبستان

مێڤانخانە
турбаза
مێڤانخانە
пункт обмена валюты
ئۆفیسا پەرە ڤەگوهارتنێ
чемодан
автомобиль
ماشین

язык
زمان

да / нет
بەلێ / نا

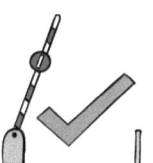

хорошо
باش

Привет
سلاڤ

переводчик
وەرگێرا نڤیسکی

Спасибо
سپاس

Сколько стоит...?

بهایێ ... چ قاسە؟

Я не понимаю

ئەز فام ناکم

проблема

ئاریشە

Добрый вечер!

ئێڤارباش!

Доброе утро!

سپێدی باش!

Доброй ночи!

شەڤ باش!

До свидания

خاترێ تە

направление

ئالی

багаж

هوورموور

сумка

چەنتە

рюкзак

چەنتە پشت

гость

مێڤان

комната

ئۆدە

спальный мешок

جامە خەو

палатка

چادر

путешествие - ڕێوێتی

туристическая информация

ئاگاكيىن گەرۋكان

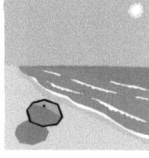

пляж

رەخى ئاڤى

кредитная карточка

كارتى قەرزى

завтрак

تاشتى

обед

فراڤين

ужин

شيڤ

билет

كارت

лифт

ئاسانسۆر

почтовая марка

پوول

граница

تخووب

таможня

گومرک

посольство

باليۆزخانه

виза

ڤيزا

паспорт

پاساپۆرت

транспорт

گوهازتن

самолёт
корабль
пожарный автомобиль
автобус
грузовик
کامیۆن
моторная лодка
велосипед
دوچەرخە
автомобиль
ماشین

паром

پاپۆر

лодка

پاپۆر

мотоцикл

مۆتۆرسیکلێت

полицейский автомобиль

ترمبێلا پۆلیسێ

гоночный автомобиль

ترمبێلا پێشبازیێ

арендованный автомобиль

ئەرەبە کرێکرێ

совместное пользование автомобилями
....
ماشین پەرڤەکرن

буксировочный автомобиль
....
کامیۆنا کشاندنێ

мусоровоз
....
کامیۆنا خوەلی

двигатель
....
مۆتۆرسیکلێت

топливо
....
مازۆت

заправка
....
ئیستەگەها بەنزینێ

дорожный знак
....
تابلۆیا ترافیکێ

движение
....
هاتنووچوون

пробка
....
ترافیک

автостоянка
....
جهێ پارکێ

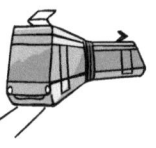

вокзал
....
راوەستەکا ترێنێ

рельсы
....
رێچ

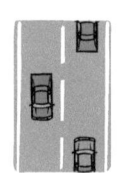

поезд
....
ترێن

трамвай
....
ترێنێ کۆلانێ

вагон
....
ئەرەبە

вертолёт

بابرۆک

аэропорт

بالافرگەه

вышка

برج

пассажир

مسافر

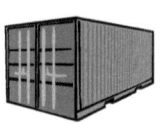

контейнер

قووتی

коробка

قووتی

тележка

گرگرۆک

корзина

سەلک

взлетать / приземляться

رابوون / نیشتن

город

باژار

деревня

گوند

центр города

ناڤەندا باژارێ

дом

خانی

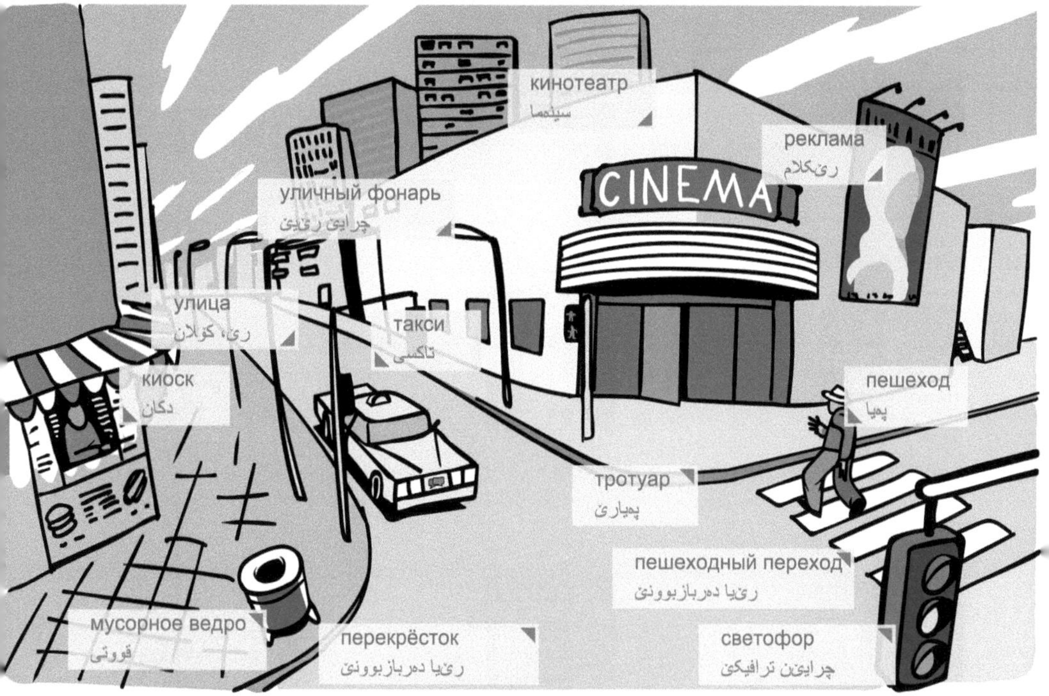

кинотеатр
реклама
ڕیکلام
уличный фонарь
چرای ڕێی
улица
ڕێ، کۆلان
такси
تاکسی
киоск
دکان
пешеход
тротуар
پەیاری
пешеходный переход
ڕێیا دەربازبوونێ
мусорное ведро
قوتی
перекрёсток
ڕێیا دەربازبوونێ
светофор
چرایێن ترافیکێ

хижина

کۆخ

квартира

خانی

вокзал

راوەستەگا ترێنێ

ратуша

تەلارا شارەڤانی

музей

مووزەخانە

школа

دبستان

университет

....

زانینگه

банк

....

بانک

больница

....

نەخوەشخانە

гостиница

....

مێڤانخانە

аптека

....

دەرمانخانە

офис

....

ئۆفیس

книжный магазин

....

کتێبفرۆشی

магазин

....

دکان

цветочный магазин

....

گولفرۆش

супермаркет

....

بازار

рынок

....

بازار

универмаг

....

سوپەرمارکەت

торговец рыбой

....

ماسیفرۆش

торговый центр

....

ناڤەندا کڕین

порт

....

بەندەر

парк
....
پارک

скамейка
....
سەکوو

мост
....
پر

лестница
....
دەرنجە

метро
....
ژێر ئەردێ

тоннель
....
توننەل

автобусная остановка
....
ئیستگەها ئۆتۆبووس

бар
....
بار

ресторан
....
خوارنگەه

почтовый ящик
....
سندووقا پۆستێ

табличка с названием улицы
....
نیشاندەرکا رێیێ

паркометр
....
مەترا پارکینگێ

зоопарк
....
باخچا هەیوانان

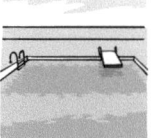

бассейн
....
هەوزا مەلەڤانی

мечеть
....
مزگەفت

ферма

جۆتگەه

загрязнение окружающей среды

لەوتاندنا دەردۆر

кладбище

گۆرستان

церковь

کەنیسە

детская площадка

ئەردێ لەیستنێ

храм

پەرستگەه

ландшафт

تەبیەت

лист
گەلا
дорожный указатель
نیشاندەرکا رێ
дорога
رێ
луг
مێرگ
камень
کەڤر
путешественник
дерево
دار
река
چەم
трава
گیا
цветок
کولیلک

долина

دۆل

гора

گر

озеро

گۆل

лес

دارستان

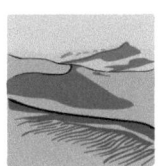

пустыня

بیابان

вулкан

ڤۆلکان

замок

کەلمە

радуга

کەسکەسۆر

гриб

کڤارک

пальма

دارقەسپ

комар

مخمخک

муха

مێش

муравей

مێری

пчела

هنگ

паук

پیرێ

жук

کێزک

лягушка

بەق

белка

سهۆر

еж

ژیژۆک

заяц

کەرگوە

сова

پەپووک

птица

چڤیک

лебедь

قوو

кабан

بەرازێ کۆڤی

олень

پەزکۆڤی

лось

پەزکۆڤی

плотина

بەنداڤ

ветряной генератор

تووربینا با

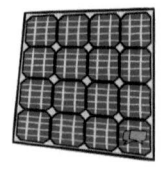

солнечная батарея

پانەلا خۆرێ

климат

ئاڤ و هەوا

ресторан

خوارنگەه

официант
بەرکار
меню
پێشەک
стул
کورسی
суп
شۆربە
пицца
پیزا
столовые приборы
چەتەل و چەمچک
скатерть
سفرە

закуска

خوارنا دەستپێک

главное блюдо

خوارنا سەرەکی

десерт

شیرانی

напитки

ڤەخوارنان

еда

خوارن

бутылка

جام

фастфуд

خوارنا لەز

уличная еда

خوارنا رێیێ

чайник

چایدانک

сахарница

قووتی شەکرێ

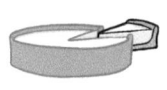

порция

بەش

кофеварка

مەکینا چێکرنێ ئەسپرەسسۆ

детский стульчик

کورسیا بلیند

счет

هەساب

поднос

سێنی

нож

کێر

вилка

چەتەل

ложка

کەڤچی

чайная ложка

کەڤچیا چای

салфетка

پێشگر

стакан

قەدەه

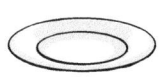

тарелка

تەیفک

суповая тарелка

تەیفکا شۆربە

блюдце

پیالە

соус

چێنج

солонка

خوێدانک

мельница для перца

قووتی بیبار

уксус

سێک

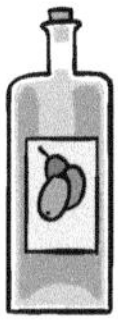

масло

روون

специи

بهارات

кетчуп

کەتچاپ

горчица

موستارد

майонез

مایۆنێز

супермаркет

بازار

специальное предложение
پێشکێشێن تایبەت
покупатель
молочные продукты
شیرەمەنی
фрукты
тележка для покупок
نەرەبە
FOR

мясной магазин

قەسابی

пекарня

دکانا نانپێژ

взвешивать

وەزن کرن

овощи

سەبزە

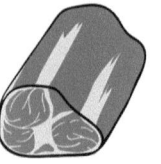

мясо

گۆشت

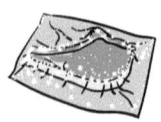

быстрозамороженные продукты

خوارنێ جەمەدی

нарезка

گۆشتێ سار

консервы

خوارنا پیلێ

стиральный порошок

خوبارێ پاقژکرنێ

сладости

شرینی

предмет домашнего обихода

بەرهەمێن ناڤخوەیی

моющее средство

بەرهەمێن پاقژکرنێ

продавщица

فرۆشیار

касса

خەزنۆک

кассир

دراڤگر

список покупок

لیستا کڕینێ

время работы

دەمێن ڤەکری

бумажник

جزدان

кредитная карточка

کارتێ قەرزی

сумка

چەوال

полиэтиленовый пакет

چەنتە

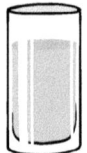

напитки

ڤەخوارنان

вода

ئاڤ

сок

شەربەت

молоко

شیر

кока-кола

کۆمر

вино

شەراب

пиво

بیرا

алкоголь

ئالکۆل

какао

کاکۆ

чай

چای

кофе

قەهوە

эспрессо

ئەسپرەسسۆ

капучино

کاپۆچینۆ

банан

مۆز

яблоко

سێڤ

апельсин

پرتەقالی

арбуз

گوندۆر

лимон

لیمۆن

морковь

گێزەر

чеснок

سیر

бамбук

قامر

лук

پیڤاز

гриб

قارچک

орехи

گەویز

лапша

شهیره

спагетти

سپاگێتتی

рис

برنج

салат

سەلەتە

картофель фри

چیپس

жареный картофель

پەتەتەیا براشتی

пицца

پیزا

гамбургер

هامبورگەر

сэндвич

نانۆک

шницель

گۆشتێ ستوویێ بەرخی

ветчина

گۆشتێ هشککری

салями

سالامێ

колбаса

سۆسیس

курица

مریشک

жаркое

بژارتن

рыба

ماسی

овсяные хлопья

شۆربە بلوول

мюсли

مووسلی

кукурузные хлопья

کەرتێن گلگلان

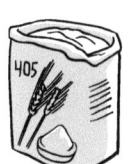

мука

ئارد

круассан

جرۆسسانت

булочка

سەموون

хлеб

نان

тост

تۆست

печенье

نانک

масло

نڤیشک

творог

ماست

пирог

کولیچە

яйцо

هێک

яичница

هێکا قەلاندی

сыр

پەنیر

мороженое

دۆندرمە

сахар

شەکر

мёд

هنگڤ

мармелад

مرەبا

крем с нугой

خامەیا نۆوگات

карри

کوڕی

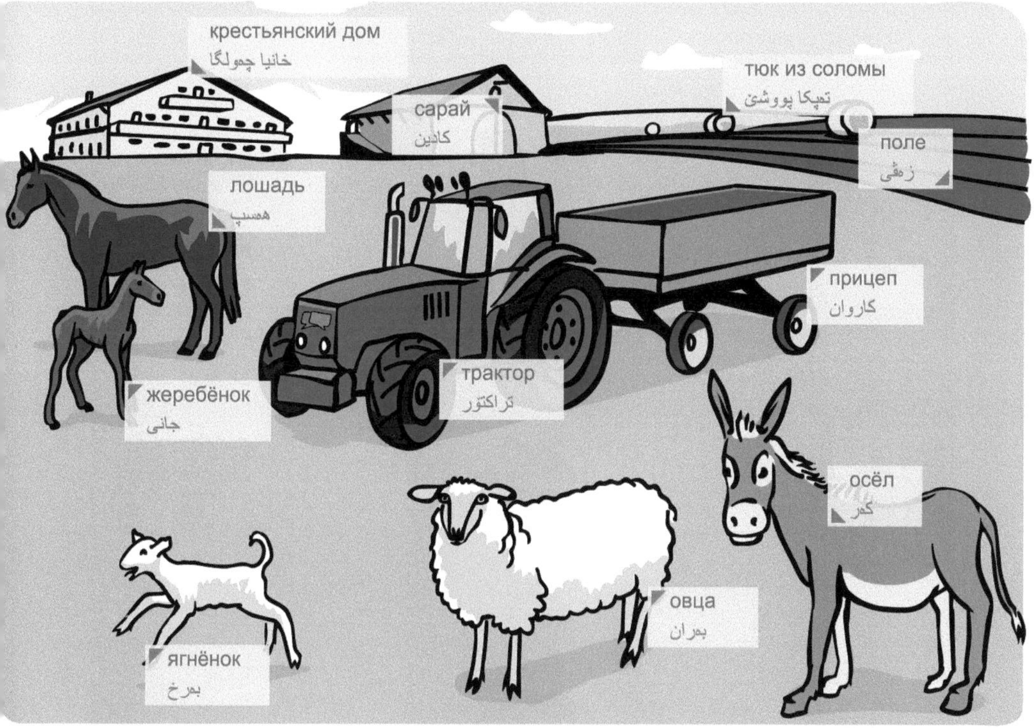

крестьянский дом
خانیا چەولگا
сарай
کادین
тюк из соломы
تەپکا پووشێ
поле
лошадь
прицеп
کاروان
трактор
تراکتۆر
жеребёнок
جانی
осёл
کەر
овца
بەران
ягнёнок
بەرخ

коза

بزن

корова

چێلەک

телёнок

گۆلک

свинья

بەراز

поросёнок

خنزیرک

бык

بۆخە

гусь

....

قاز

утка

....

مراڤی

цыплёнок

....

جووچک

курица

....

مریشک

петух

....

کەلەشێر

крыса

....

جرج

кошка

....

کتک

мышь

....

مشک

вол

....

گا

собака

....

کووچک

конура

....

خانیا کووچکێ

садовый шланг

....

خانی باخێ

лейка

....

قووتیکا ئاڤدانێ

коса

....

شالووک

плуг

....

گاسن

серп

داس

мотыга

مەربێڕ

навозные вилы

دارساپک

топор

بڤر

тачка

دەستگەرە

корыто

قووتی خوارنا جانداران

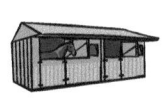

бидон для молока

قووتی شیر

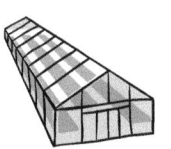

мешок

توور

забор

چەپەر

хлев

ئاخور

теплица

خانا کولیلکان

почва

ئاخ

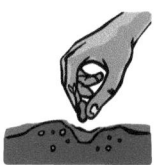

посев

دەندک

удобрение

پەین

комбайн

کۆمباین

собирать урожай

زاد

урожай

زاد

ямс

پەتەتە

пшеница

گەنم

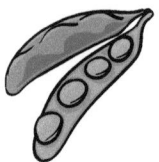

соя

فاسۆلی

картофель

پەتەتە

кукуруза

دەخل

рапс

دندک

фруктовое дерево

داریێ فێکی

маниок

سێڤێ بن ئەردێ

злаки

زاد

ДОМ

خانی

дымоход
крыша
بانی
водосточный желоб
окно
гараж
گاراژ
звонок
زەنگلێ دەرى
дверь
دەرى
мусорное ведро
почтовый ящик
قوتییا پۆستێ
сад
باخچە

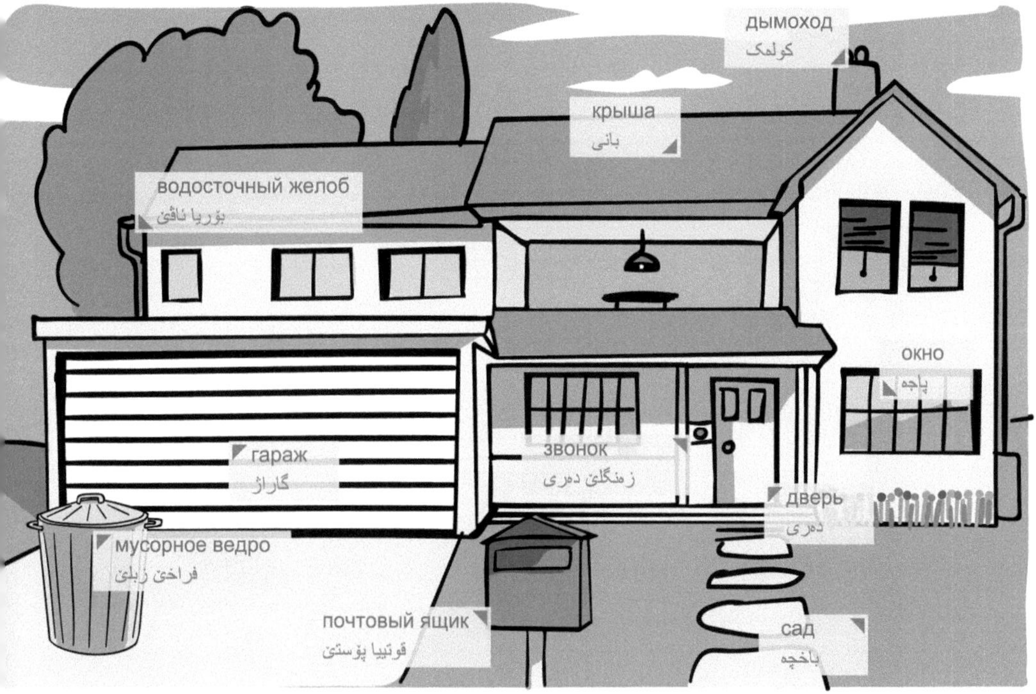

гостиная

ئۆدا روونشتنێ

ванная комната

هەمام

кухня

مەتبەخ

спальня

ئۆدا خەوێ

детская комната

ئۆدەیا زارۆک

столовая

ئۆدا شیڤێ

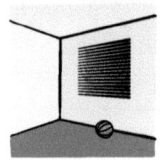

пол

....

بنی

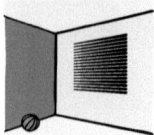

стена

....

دیوار

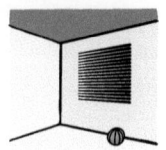

потолок

....

بەربان

подвал

....

خەنزک

сауна

....

ساونا

балкон

....

بالکۆن

терраса

....

بەردانک

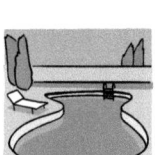

бассейн

....

هەوزا مەلەڤانی

газонокосилка

....

چیمەن بڕ

пододеяльник

....

مەلهەفە

покрывало

....

بەتانی

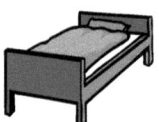

кровать

....

نڤین

метла

....

گمزک

ведро

....

سatl

выключатель

....

کلیل

обои
كاخمزئ ديوار

рисунок
ۋێنه

лампа
لامپا

полка
رەف

шкаф
دۆلاب

камин
ناگردان

телевизор
تەلەفيسيۆن

цветок
كۆليلك

подушка
سەرين

ваза
گولدانك

диван
قەنەپە

пульт дистанционного управления
كۆنترۆلا دوور

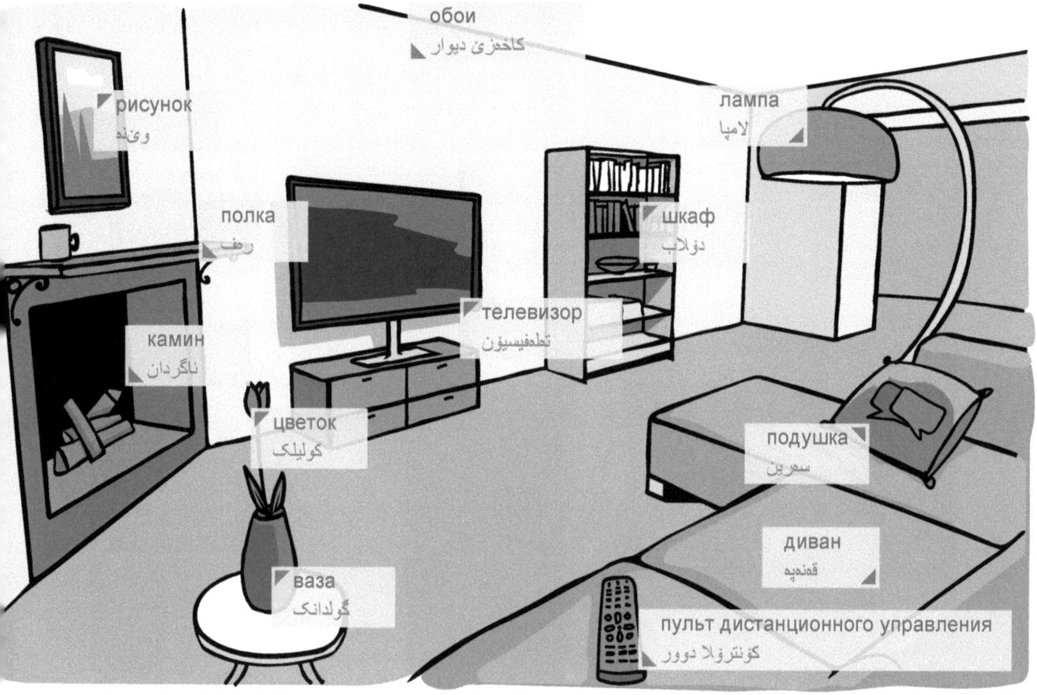

ковёр
خاليچە

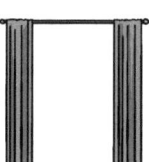

штора
پەردە

стол
مێز

стул
كورسى

кресло-качалка
كورسيا هەژانۆك

кресло
كورسى

книга

پرتووک

покрывало

بەتانی

украшение

خەملاندن

дрова

ئێزنگ

фильм

فیلم

стереосистема

هـ-ف

ключ

کلیل

газета

رۆژنامە

картина

نیگار

плакат

پۆستەر

радио

رادیۆ

блокнот

دەفتەر

пылесос

سڤنکا ئەلەکتریکی

кактус

کاکتووس

свеча

مۆم

مەتبەخ

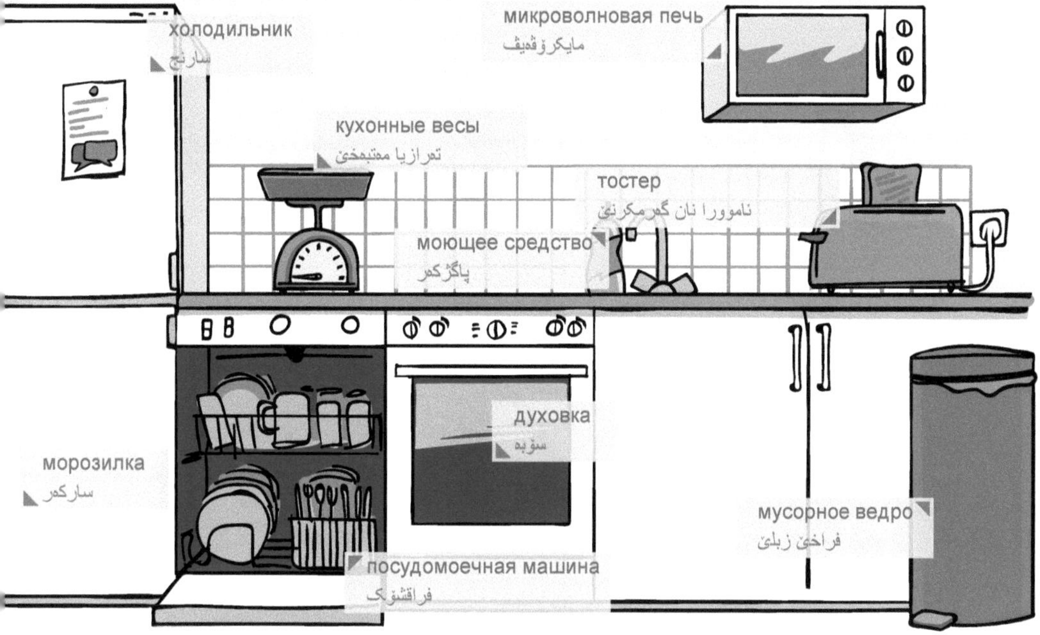

холодильник
سارنج
микроволновая печь
مایکرۆڤەیف
кухонные весы
تەرازیا مەتبەخێ
тостер
ناموورا نان گەرمکرنێ
моющее средство
духовка
سۆبە
морозилка
سارکەر
мусорное ведро
فراخێ زبلێ
посудомоечная машина
فراقشۆک

плита

سۆبە

кастрюля

ئامان

чугунный котелок

ئامای ئووتوو

вок / кадай

فراقێ مەزن

сковорода

دیزک

чайник

کەلینک

пароварка

فراقێ هلمێ

противень

سێنی نانێ

посуда

فراق

кружка

پیاله

миска

کاسک

палочки для еды

دارێ نانخوارن

половник

هەسک

лопатка

کەڤچیا مەزن

сбивалка

رینەک

сито

کەفگیر

сито

بێژنگ

тёрка

رێشکەر

ступка

دەستار

гриль

براشتن

костёр

ئاگرێ ڤالا

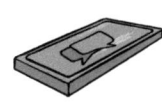

доска

تەختەیا بڕینێ

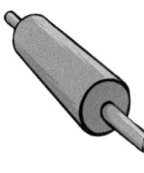

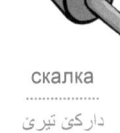

скалка

دارکێ تیری

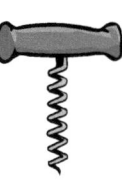

штопор

دەڤک بادەک

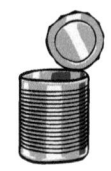

жестяная банка

قووتی

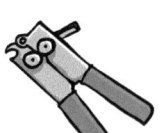

консервный нож

قووتیڤەکر

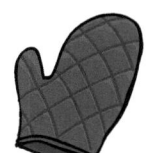

прихватка

جاوێ ئامانان

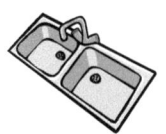

раковина

دەستشۆ

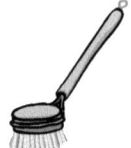

щетка

فرچە

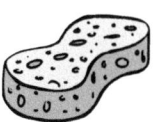

губка

پارازۆا

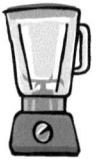

миксер

تەڤدێڕ

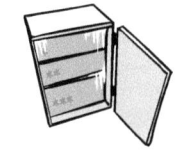

морозильная камера

سارکەرێ جەمەدی

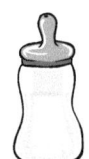

бутылочка для кормления

شووشە بەبکان

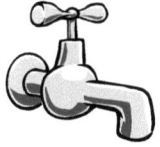

кран

هەنەفی

ванная комната

هەمام

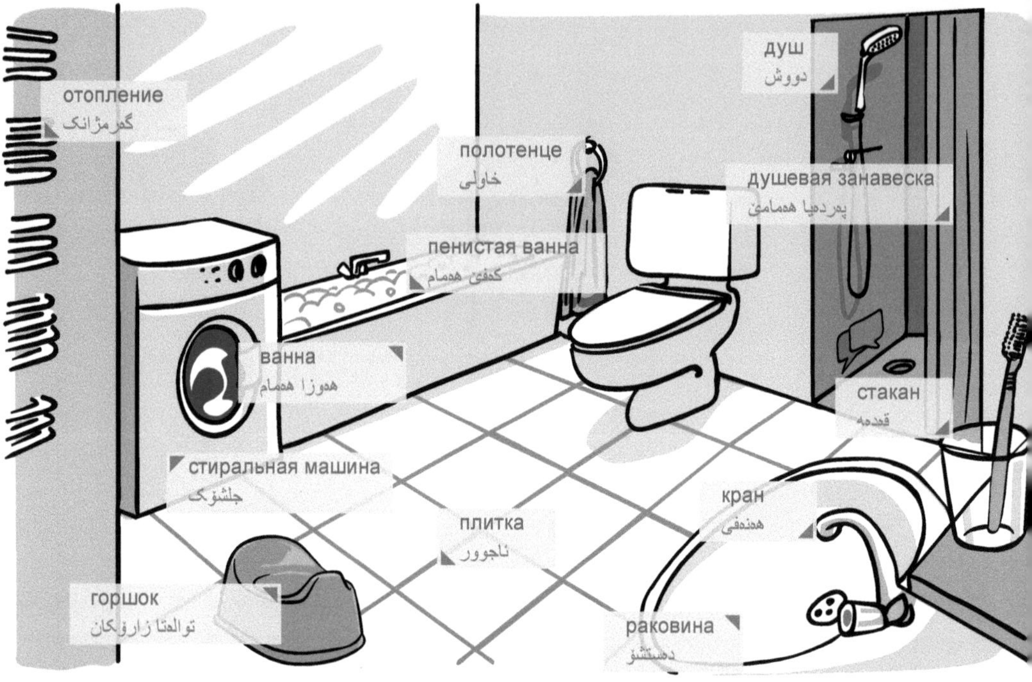

отопление
گەرمژانک
полотенце
خاولی
пенистая ванна
ванна
هەوزا هەمام
стиральная машина
جلشۆک
плитка
ئاجوور
горшок
توالەتا زارۆکان
душ
دووش
душевая занавеска
پەردەیا هەمامێ
стакан
кран
هەنەفی
раковина
دەستشۆ

туалет

توالەت

напольный унитаз

توالەتا ئەردی

биде

توالەت

писсуар

ناڤدەستخانا مێران

туалетная бумага

کاخەزا توالەت

ершик

فرشەیا توالەت

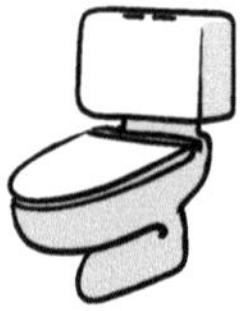

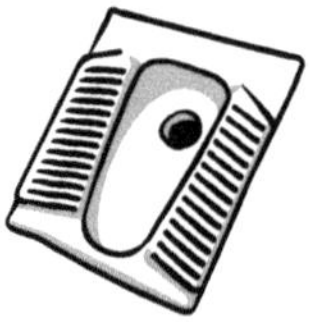

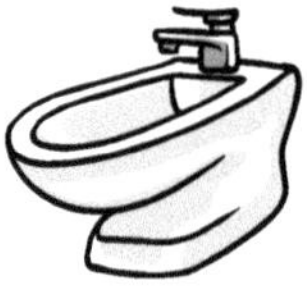

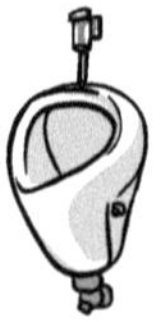

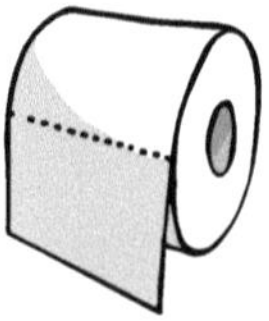

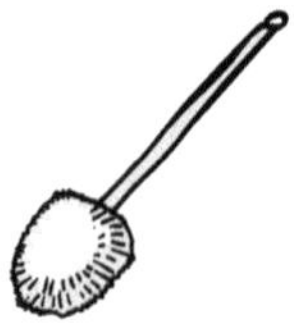

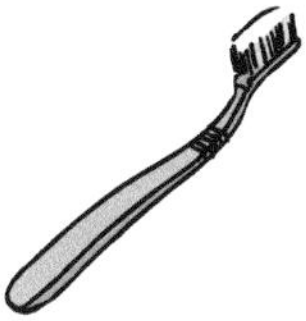

зубная щетка

فرچەیا دران

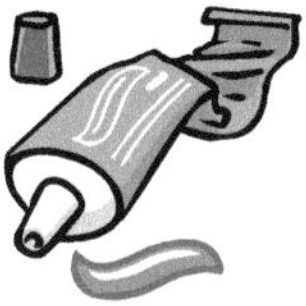

зубная паста

مەجوونا دران

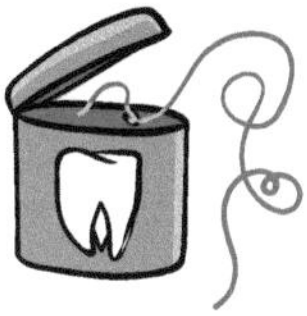

зубная нить

نەخا ددان

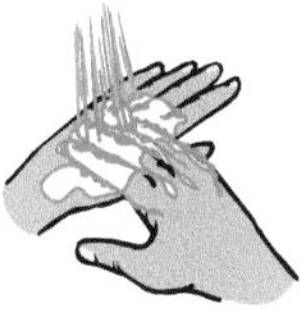

мыть

شووشتن

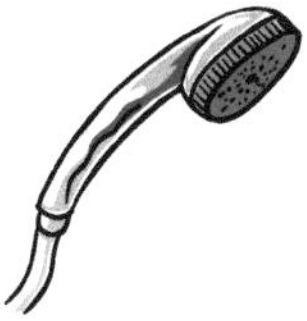

ручной душ

دووشێ دەستێ

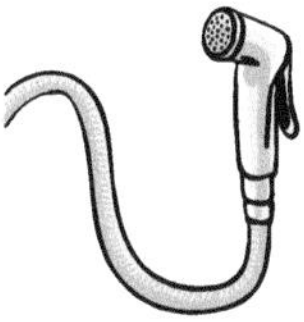

интимный душ

دووش

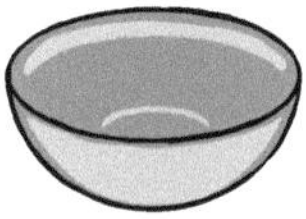

таз

دەستشۆ

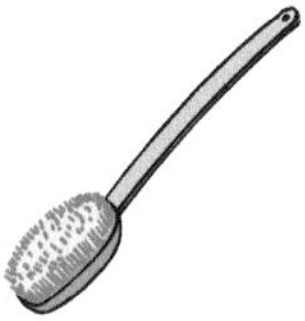

щетка для спины

فرچا پشت

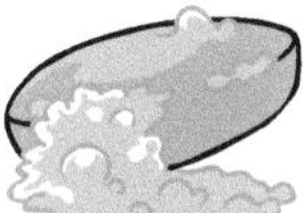

мыло

سابوون

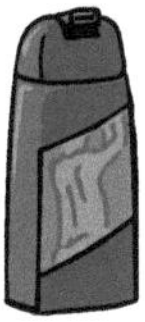

гель для душа

جێلێ هەمام

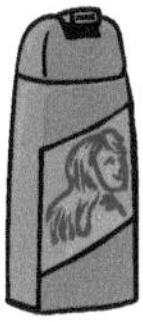

шампунь

شامپۆ

мочалка

فانیلە

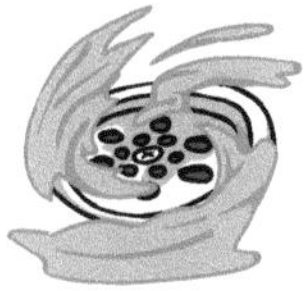

сток

زێراب

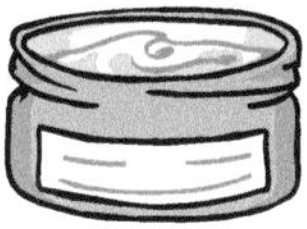

крем

کرێم

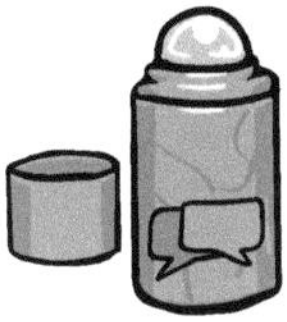

дезодорант

بێهن خوەشکر

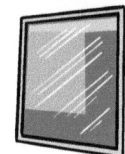

зеркало

مرێک

ручное зеркало

مرێکا دەستێ

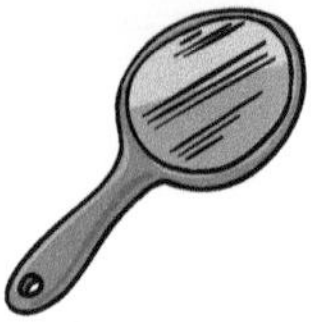

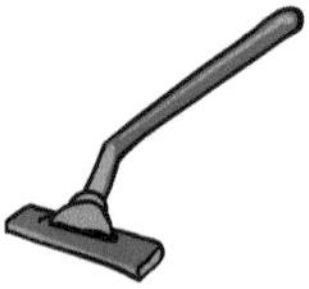

бритва

گووزان

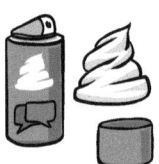

пена для бритья

کەفێ تەراشینێ

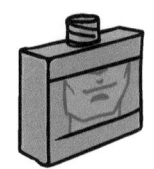

лосьон после бритья

مەجوونا پشتی تەراشینێ

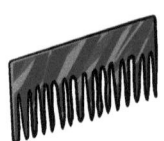

расческа

شەه

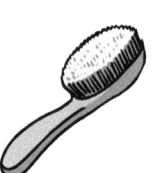

щетка

فرچە

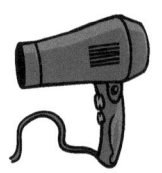

фен

پۆر هیشککر

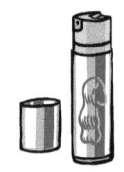

лак для волос

سپرایا پۆرێ

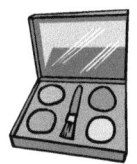

косметика

کۆزمەتیک

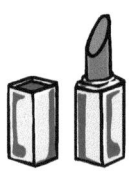

губная помада

سۆراڤک

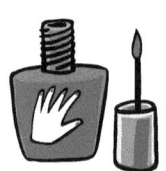

лак для ногтей

رەنگێ نینۆک

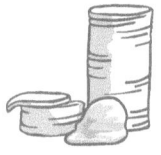

вата

پەمبوو

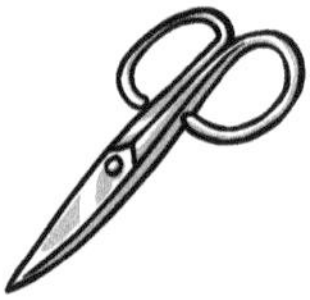

маникюрные ножницы

مەقەستا نینۆک

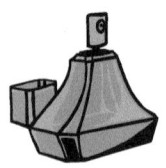

духи

پارفووم

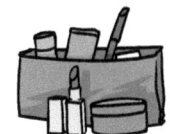

косметичка

....

چەوالێ هەمامێ

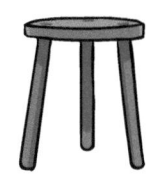

табуретка

....

کورسیا بێپشت

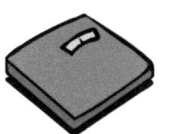

весы

....

تەرازی

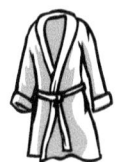

халат

....

کنجا هەمامێ

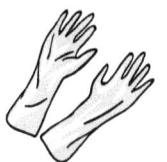

резиновые перчатки

....

لەپکا لاستیکێ

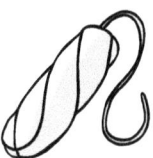

тампон

....

تامپۆن

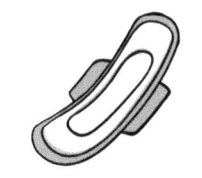

гигиеническая прокладка

....

خاولیا پاقژکرنێ

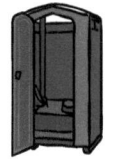

биотуалет

....

توالەتا کیمییەوی

детская комната

ئۆدەيا زارۆک

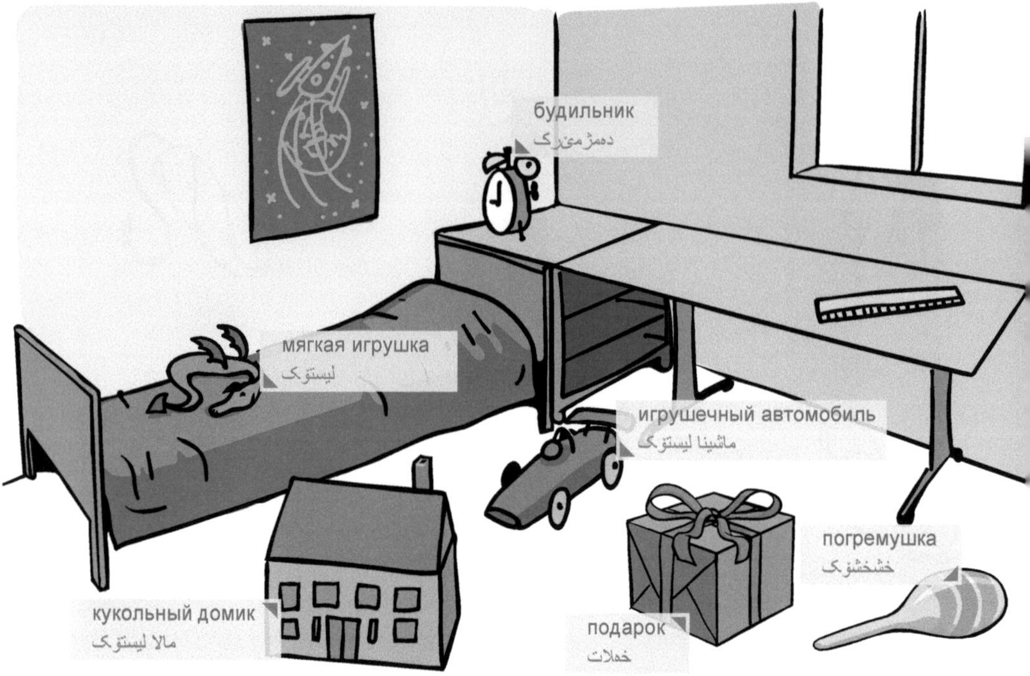

будильник
دەمژمێرک
мягкая игрушка
ليستۆک
игрушечный автомобиль
ماشینا ليستۆک
погремушка
خشخشۆک
кукольный домик
مالا ليستۆک
подарок
خەلات

воздушный шар

پفدانک

кровать

نڤین

детская коляска

کۆچک

карточная игра

ليستکا کارتێ

пазл

فریزبی

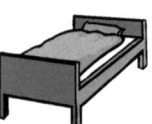

комикс

کۆمیک

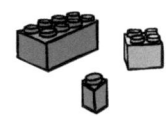

кирпичики Лего

....

ئاجوورا لێگۆ

кубики

....

ئاجوورا لیستۆک

игрушечная фигурка

....

بووکە شووشە

ползунки

....

کنجا بەبکان

фрисби

....

فرزبێ

мобиле

....

ڤەگوهەستن

настольная игра

....

لیستکێن تەختە

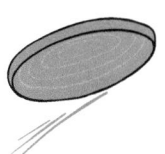

кубик

....

مۆر

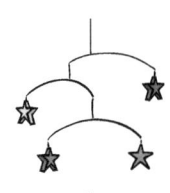

модель железной дороги

....

مۆدێلا ترێنێ

соска

....

مەمک

вечеринка

....

جەژن

книга с картинками

....

کتێبا وێنە

мяч

....

تۆپ

кукла

....

بووکە شووشە

играть

....

لەییستن

песочница

کونا خیزێ

качели

جۆلانە

игрушка

لیستۆکان

игровая приставка

لیستکا ڤیدەۆیی

трёхколесный велосипед

سێچەرخە

плюшевый медвежонок

هرچا لیستۆک

шкаф для одежды

جلدانک

одежда

کنج

носки

گۆرە

чулки

گۆرە

колготки

دەرپێگۆرێ

шарф
شال

зонтик
چتر

футболка
كراس

ремень
قايش

кроссовки
سۆلك

сапоги
شمكال

тапки
سۆلكئ ناف مالئ

сандалии
سۆلك

ботинки
سۆل

резиновые сапоги
پۆتينا چهرمئ

трусы
پانتۆلئ ژئر

бюстгальтер
پیٛسیربهند

майка
چهكبهند

боди
....
جەندەک

брюки
....
پانتۆل

джинсы
....
ژەانس

юбка
....
دامان

блузка
....
کراس

рубашка
....
کراس

свитер
....
فانێلە

свитер
....
فانێلە

спортивная куртка
....
جاکێت

жакет
....
ساکۆ

пальто
....
چاکەت

плащ
....
بارانی

костюм
....
لەباس

платье
....
فیستان

свадебное платье
....
جلێ داوەتێ

мужской костюм

....

چاکێت

ночная сорочка

....

پێجامە

пижама

....

پێجامە

сари

....

سارێ

платок

....

لەچک

тюрбан

....

مێزەر

паранджа

....

هێرام

кафтан

....

کافتان

абайя

....

ئەبا

купальник

....

کنجا ئاژنێکرن

плавки

....

جلکا مەلەڤانی

шорты

....

شۆرت

спортивный костюм

....

جلا هێڤۆژکاری

фартук

....

پێشمال

перчатки

....

لەپک

пуговица

دووگمە

очки

بەرچاڤک

браслет

بازن

цепочка

گەردەنی

кольцо

گوستیل

серьга

گوهارک

шапка

دەڤک

вешалка

هلاڤستەک

шляпа

کووم

галстук

کراوات

застежка молния

زیپ

шлем

سەرپارێز

подтяжки

دەرزی

школьная форма

کنجا دبستانێ

форма

یوونیفۆرم

детский нагрудник

بەردلک

соска

ممك

подгузник

پونداخ

офис

ئۆفىس

бумага
كاخەز

канцелярский шкаф
دۆلابىن بەلگە

принтер
چاپەر

сервер
يېشكمشكەر

монитор
نىشاندەر

письменный стол
ماسە

мышь
مشك

папка
دەپتەر

клавиатура
كلافيە

корзина для бумаг
سەپەتّا كاخەزى

компьютер
كۆمپيوتەر

стул
كورسى

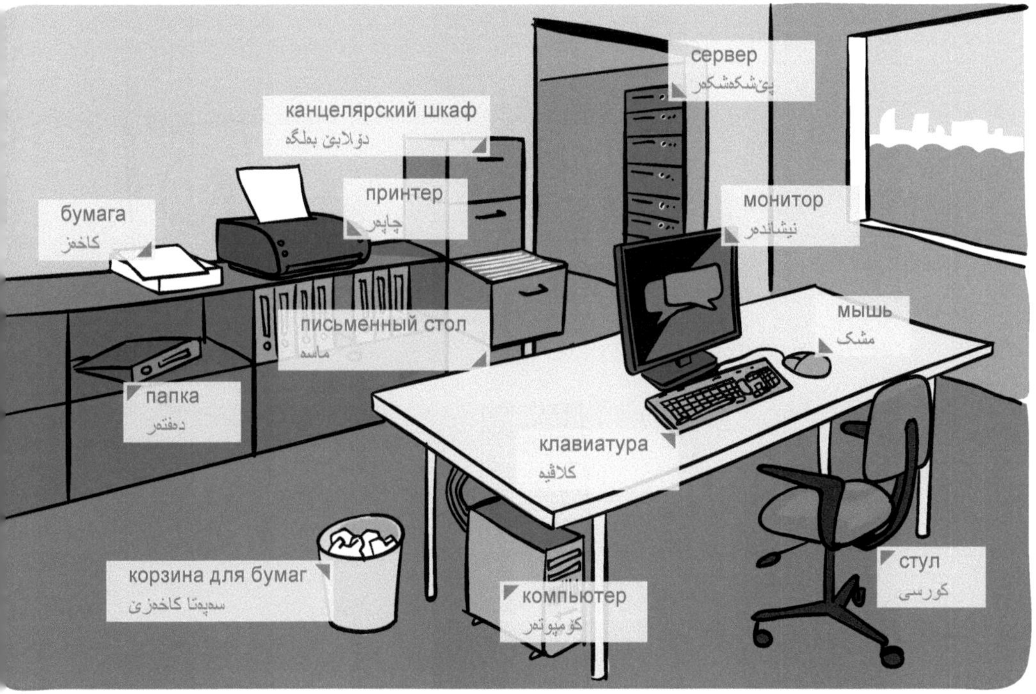

кофейная кружка

كاسكا قەھوە

калькулятор

ھەسابكەر

интернет

ئىنتىرنەت

ноутбук

....

کۆمپیوتەرا لاپتۆپ

письмо

....

نامە

сообщение

....

پەیام

мобильный телефон

....

تەلەفۆنا مۆبیل

сеть

....

تۆر

ксерокс

....

مەکینا فۆتۆکۆپی

программа

....

سۆفتوارە

телефон

....

تەلەفۆن

розетка

....

سۆجکەتا فیشەک

факс

....

مەکینا فاخێ

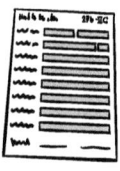

формуляр

....

فۆرم

документ

....

بەلگە

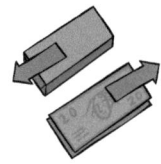

покупать

کڕین

платить

پەرە دان

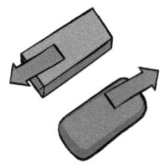

торговать

بازرگانی

деньги

پەرە

доллар

دۆڵار

евро

یۆرۆ

иена

یەنێ ژاپۆنێ

рубль

رۆبلێ رووسی

франк

فرانکێ سویسێ

жэньминьби юань

یوانێ چینێ

рупия

رووپێ هندی

банкомат

مەکینا ژخوەبەرا دراڤ

пункт обмена валюты

ئۆفیسا پەرە ڤەگوهارتنێ

золото

زێڕ

серебро

زیڤ

нефть

نەفت

энергия

وزە

цена

بها

договор

پەیمان

налог

تاخ

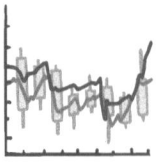

акция

سەهام

работать

کارکرن

служащий

کارکەر

работодатель

کاردا

фабрика

فابریکا

магазин

دکان

милиционер
پۆلیس

пожарный
ناگرکوژ

пилот
فرۆکەڤان

врач
پزیشک

повар
ناشتا

садовник
باخچەڤان

столяр
نەجار

швея
دروونڤان

судья
هاکم

химик
کیمیازان

актёр
شانۆگەر

водитель автобуса

شوفێری باسێ

таксист

شوفێرەکی تاکسیێ

рыбак

ماسیڤان

уборщица

پاگژکەر

кровельщик

چێکری بانی

официант

بەرکار

охотник

نێچرڤان

художник

رەنگرێس

пекарь

نانپێژ

электрик

کارەباڤان

строитель

ئاڤاکەر

инженер

ئەندەزیار

мясник

قەساب

сантехник

لوولەکار

почтальон

پۆستەڤان

солдат

ئەسکەر

архитектор

میمار

кассир

دراڤگر

флорист

فرۆتکارا چیچەکان

парикмахер

پۆرچیکەر

кондуктор

ئاژۆڤان

механик

مەکانیک

капитан

کەشتیڤان

зубной врач

پزیشکا ددانان

ученый

زانستیار

раввин

رووهان

имам

ئیمام

монах

کەشە

священник

کەشیش

инструменты

ئامووران

молоток
چەکووچ
плоскогубцы
مووچینگ
отвёртка
جەربادەر
карманный фон
دارا چرا
гаечный ключ

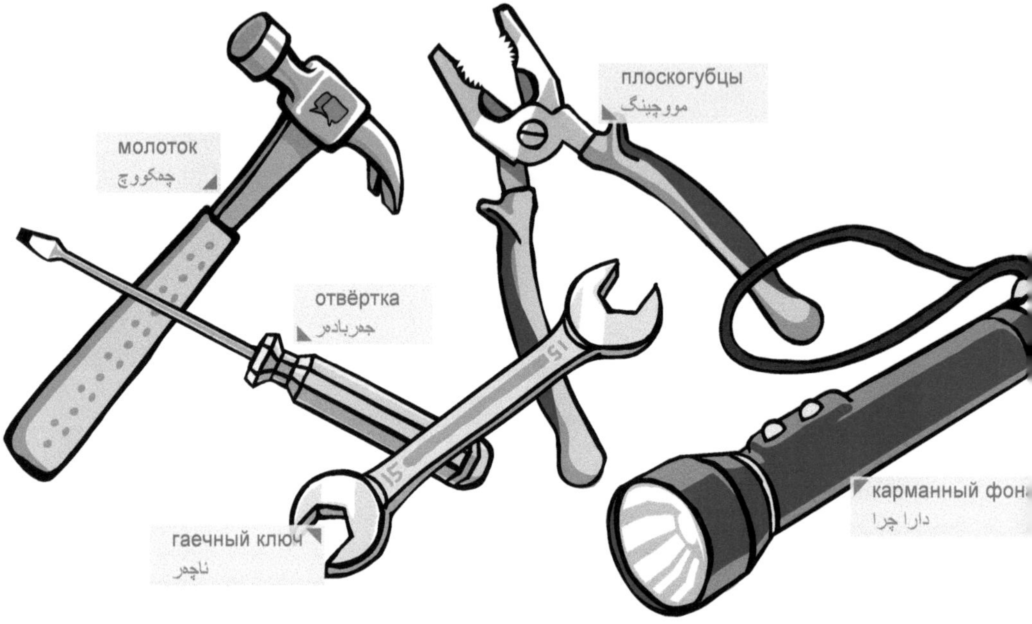

экскаватор

شۆفەل

ящик для инструментов

قووتیا ئامووران

стремянка

پەیژە

пила

مشار

гвозди

میخ

дрель

قولکرن

ремонтировать

چێکرن

лопата

مەربێر

Блин!

نالەت!

совок

بێل

ведро с краской

قووتیا رەنگێ

винты

جڕ

музыкальные инструменты

ئاموورێن موزیکێ

громкоговоритель
بلیندگۆ
ударный инструмент
کۆمێ دەهۆل
гитара
گیتار
контрабас
جۆرەیا گیتار
труба
زرنا

пианино

پیانۆ

скрипка

ڤیۆلین

бас-гитара

باس

литавры

دەهۆل

барабан

داهۆل

синтезатор

کەیبۆارد

саксофон

ساکسۆفۆن

флейта

بلوور

микрофон

میکرۆفۆن

зоопарк
باخچا ھەيوانان

вход
نىڭ دەر

тигр
يىلپىز

клетка
قەفەس

зебра
كەرى چيا

корм
خوارلىق ھەيوان

панда
پاندا

животные

ھەيوان

слон

فىل

кенгуру

كانگاروو

носорог

كەركەدەن

горилла

گورىل

медведь

ھرچ

верблюд

هێشتر

страус

هێشترمە

лев

شێر

обезьяна

مەیموون

фламинго

فلامینگۆ

попугай

پاپاخان

белый медведь

هرچا جەمسەری

пингвин

پەنگوین

акула

سەماسی

павлин

تاوووس

змея

مار

крокодил

تمساح

служитель зоопарка

پارێزەرا باخچا ئاژالان

тюлень

سەیا دەریا

ягуар

پلنگ

пони

همسپ

леопард

پلنگ

бегемот

همسپی رووبار

жираф

جانهیٔشتر

орёл

هدلۇ

кабан

بعرازی کوڅی

рыба

ماسی

черепаха

کووسی

морж

والراس

лиса

رۆڅی

газель

خدزال

американский футбол
فووتبۆلی ئامەریکا

езда на велосипеде
بسكلێتان

теннис
تەننیس

баскетбол
باسكێتبۆل

плавание
ئاۋژمنیكرن

бокс
بۆخنگ

хоккей
هۆكیا سەر جەمەدی

футбол
فووتبۆل

бадминтон
بادمنتۆن

лёгкая атлетика
یئ ناتلەتیزمئ

гандбол
هەندبۆل

лыжный спорт
بەفراژۆتن

поло
پۆلۆ

прыгать
هلپمکه

смеяться
کمنین

обнимать
همبویز

петь
لاوژه گوتن

идти
بری‌قمچوون

молиться
نمێژ کرن

целовать
ماچکرن

мечтать
خمون دیتن

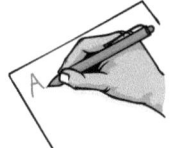

писать
نڤیساندن

рисовать
نیگار کێشان

показывать
نیشان دان

нажимать
پالدان

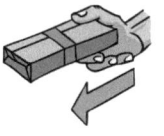

давать
دایین

брать
راکرن

иметь

هەیین

делать

کرن

быть

بوون

стоять

سەکنین

бежать

بازدان

тянуть

کشاندن

бросать

ئاڤێتن

падать

کەتن

лежать

دەرەو کرن

ждать

سەکنین

носить

گوهێزتن

сидеть

روونشتن

надевать

جل بەرکرن

спать

رازان

просыпаться

رابوون

рассматривать

مێزه کرن

плакать

گرین

гладить

جەلته

причесывать

شه کرن

говорить

پەيڤين

понимать

فامکرن

спрашивать

پرسکرن

слушать

بهيستن

пить

ڤەخوارن

кушать

خوارن

наводить порядок

کۆم کرن

любить

هەزکرن

готовить

خوارن چێکرن

ехать

ئاژۆتن

летать

فڕين

ходить под парусом

کەشتیڤانی

считать

هەسباندن

читать

خواندن

учиться

هینبوون

работать

کارکرن

вступать в брак

زەوجین

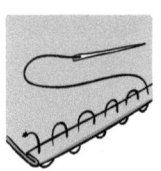

шить

دروتن

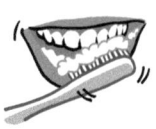

чистить зубы

ددان شووتن

убивать

کوشتن

курить

دووخان

отправлять

شاندن

бабушка
дедушка
мама
младенец
дочь
сын

гость

مێڤان

тетя

مەت

дядя

ئاپ/خال

брат

برا

сестра

خوشک

لوب
نهنی

глаз
چق

плечо
مل

لицо
روو

палец
تلی

подбородок
زەنی

кисть
دەست

грудь
سينگ

нога
لنگ

рука
پيل

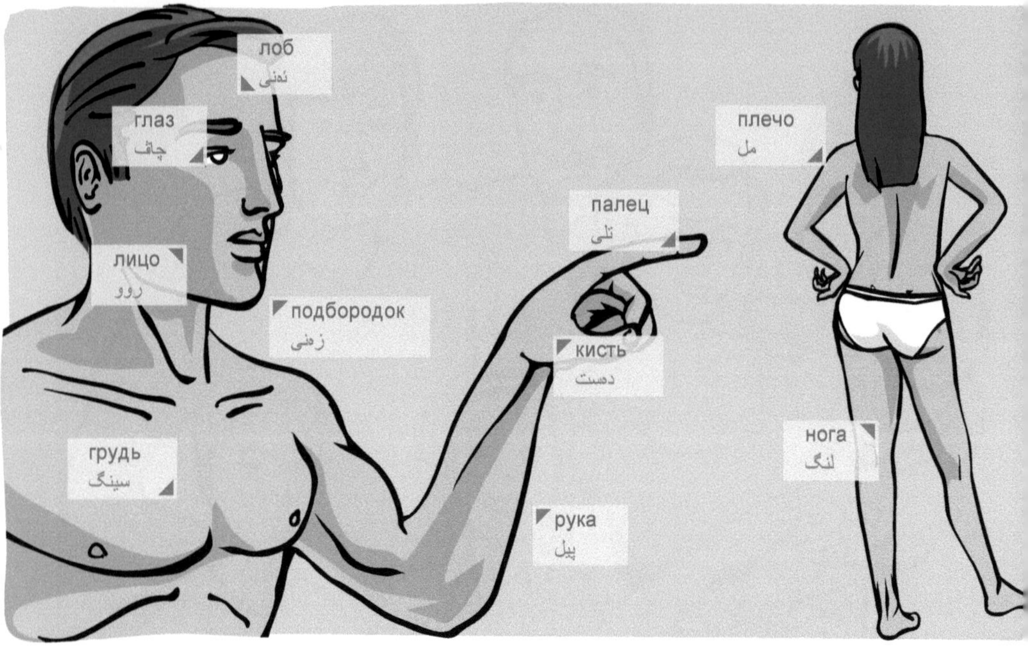

младенец

بەبەک

мужчина

مێز

женщина

ژن

девочка

کەچ

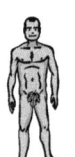

мальчик

کۆر

голова

سەر

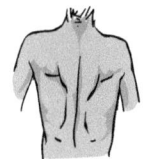

спина

پشت

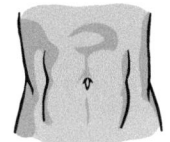

живот

زک

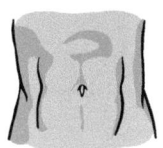

пупок

ناڤک

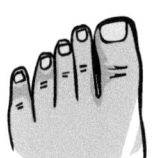

палец ноги

تلییا پێ

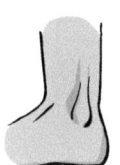

пятка

پانی

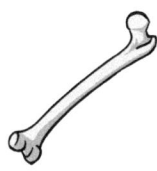

кость

هەستی

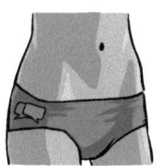

бедро

کوولیمەک

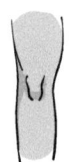

колено

ژوونی

локоть

ئەنیشک

нос

دفن

ягодицы

قوون

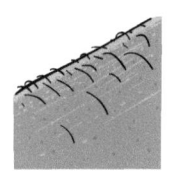

кожа

چەرم

щека

روو

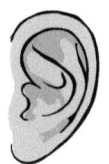

ухо

گووه

губа

لێڤ

рот

دەڤ

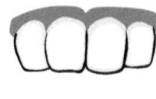

зуб

دران

язык

زمان

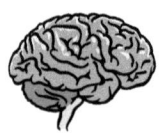

мозг

مێژی

сердце

دل

мышца

ماسوول

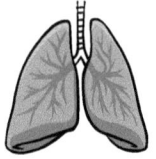

лёгкое

جیگەرا سپی

печень

جەگەر

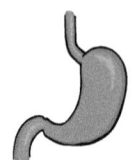

желудок

مادە

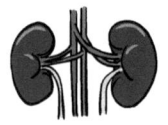

почки

گوورچکان

половой акт

جۆتبوون

презерватив

کۆندۆم

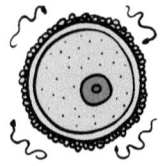

яйцеклетка

هێک

сперма

تۆڤ

беременность

دووجانی

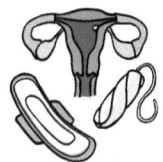

менструация

....

ناده

вагина

....

قووز

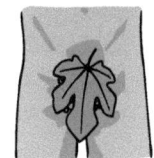

пенис

....

کیر

бровь

....

بروو

волосы

....

پۆر

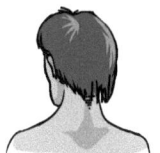

шея

....

هووستوو

больница

نەخۆشخانە

больница
نەخۆشخانە
машина скорой помощи
ئەرەبا نەخۆشان
кресло-каталка
ئەرەبۆکا گووڵەکان
перелом
شکەستە

врач

بژیشک

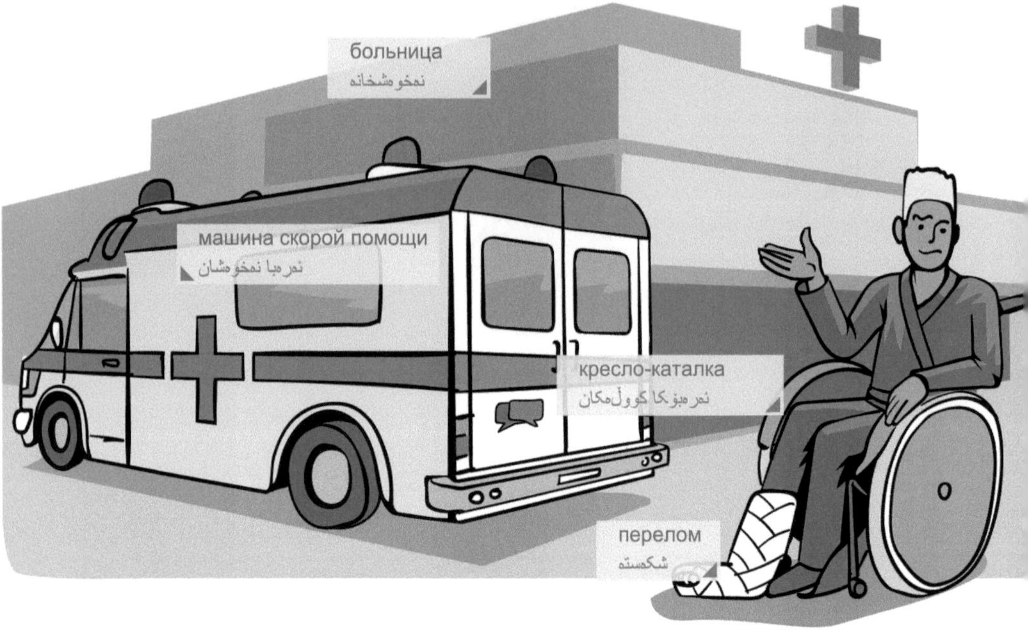

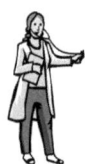

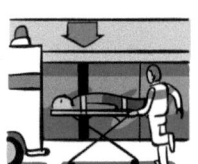

пункт первой помощи

ئۆدا لەزگینێ

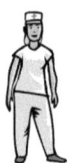

медсестра

نەخۆشیار

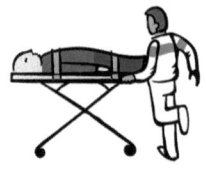

неотложный случай

ناجیلییەت

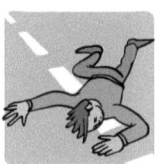

без сознания

بێهای

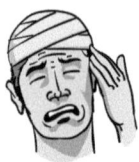

боль

ئێش

повреждение

برین

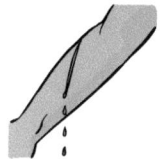

кровотечение

خوینپژان

инфаркт

هێرشا دلی

инсульт

جەلتە

аллергия

ئالەرژی

кашель

کوخک

повышенная температура

تا

грипп

زکام

понос

ناڤچووین

головная боль

سەرێش

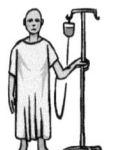

рак

قانسێر

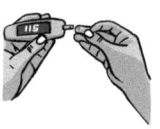

диабет

نەخوشیا شەکرێ

хирург

نەمەلیکار

скальпель

سکالپێل

операция

نەمەلی

КТ

جت

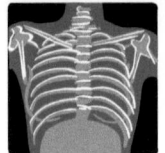

рентген

سوورەتی ڕۆنتگێن

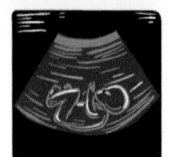

ультразвук

ئوولتراساوند

маска

ماسکی ڕوویێ

болезнь

نەخۆشی

приёмная

ئۆدا سەکنینێ

костыль

گۆچان

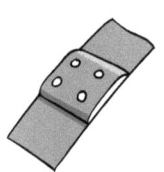

пластырь

شێل

бинт

پاچێ برینپێچانێ

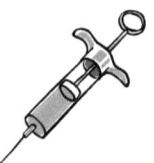

укол

دەرزی

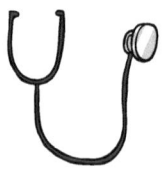

стетоскоп

بیستۆکا پزیشکی

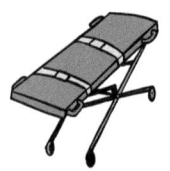

носилки

داربەست

термометр

تێهنیپڤا کلینیکێ

рождение

زایین

избыточный вес

قەلەو

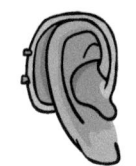

слуховой аппарат

ئالیکاریا بهیستنێ

дезинфекционное средство

باکتەریکوژ

инфекция

کۆتیبوون

вирус

ڤیرووس

ВИЧ / СПИД

هڤ / ئادس

лекарство

دەرمان

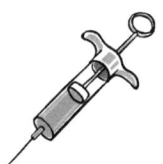

прививка

کوتان

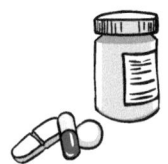

таблетки

هەبان

противозачаточная таблетка

هەب

экстренный вызов

لەزگین

прибор для измерения кровяного давления

دیمەندەرێ پەستێ خوین

больной / здоровый

نەخوەش / ساخ

неотложный случай

ئاجیلییەت

Помогите!

هەوار!

сигнал тревоги

ئالارم

нападение

ئێریش

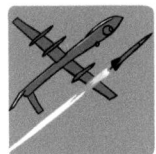

атака

ئێریشکرن

опасность

تالووک

запасной выход

دەرکەتنا ئاجل

Пожар!

ئاگر!

огнетушитель

ئاگر ڤەمراندنێ

несчастный случай

قەزا

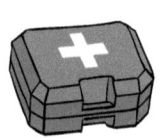

аптечка

ئالەتێن ئالیکاریا یەکەم

SOS

سۆس

милиция

پۆلیس

Европа

ئەورۆپا

Северная Америка

ئامەریکایا باکوور

Южная Америка

ئامەریکایا باشوور

Африка

ئافریکا

Азия

ئاسیا

Австралия

ئاوستڕالیا

Атлантический океан

ئاتلانتیک

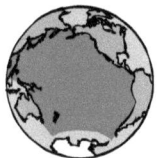

Тихий океан

ئۆکیانووسا مەزن

Индийский океан

ئۆکیانووسا هندی

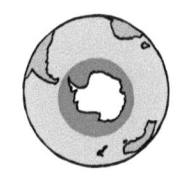

Антарктический океан

ئۆکیانووسا ئانتارکتیکا

Северный Ледовитый океан

ئۆکیانووسا ئارکتیک

Северный полюс

جەمسەرا باکوور

Южный полюс

جەمسەرا باشوور

Антарктика

ئانتارکتیکا

земля

ئەرد

суша

ئاخ

море

بەهر

остров

دوورگە

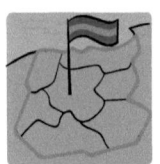

нация

مڵلەت

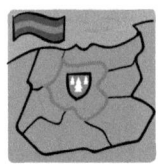

государство

وەلات

часы

ساەت

циферблат

روویێ ساەت

часовая стрелка

نشاندەرکا دەمژمێر

минутная стрелка

نشاندەرکا دەقە

секундная стрелка

نشاندەرکا سانیە

Который час?

سێت چەندە؟

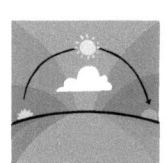

день

رۆژ

время

دەم

сейчас

نها

электронные часы

ساەتێ دجیتال

минута

دەقە

час

سێت

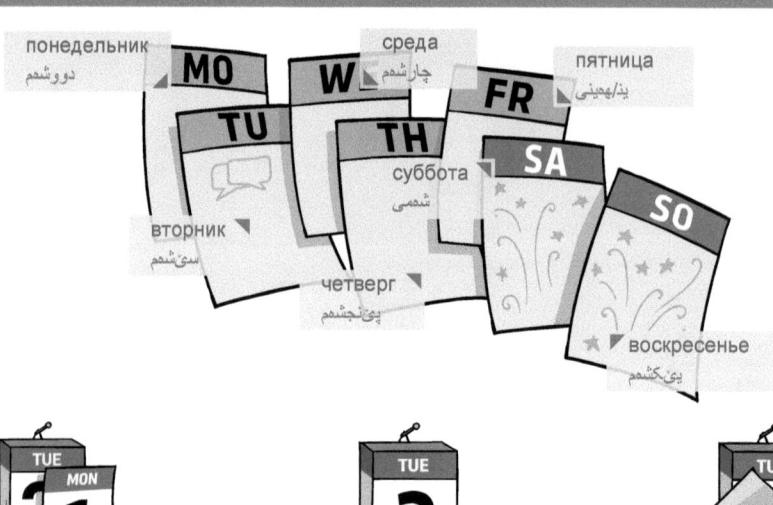

неделя

هەفتە

понедельник
دووشەم
MO
вторник
TU
среда
چارشەم
W
четверг
پێنجشەم
TH
пятница
ینێ/هەینی
FR
суббота
شەمی
SA
воскресенье
یێکشەم
SO

вчера
....
دوه

сегодня
....
ئیرۆ

завтра
....
سبەی

утро
....
سبە

полдень
....
نیڤرۆ

вечер
....
ئێڤار

рабочие дни
....
رۆژێن کاری

выходные
....
داویا هەفتە

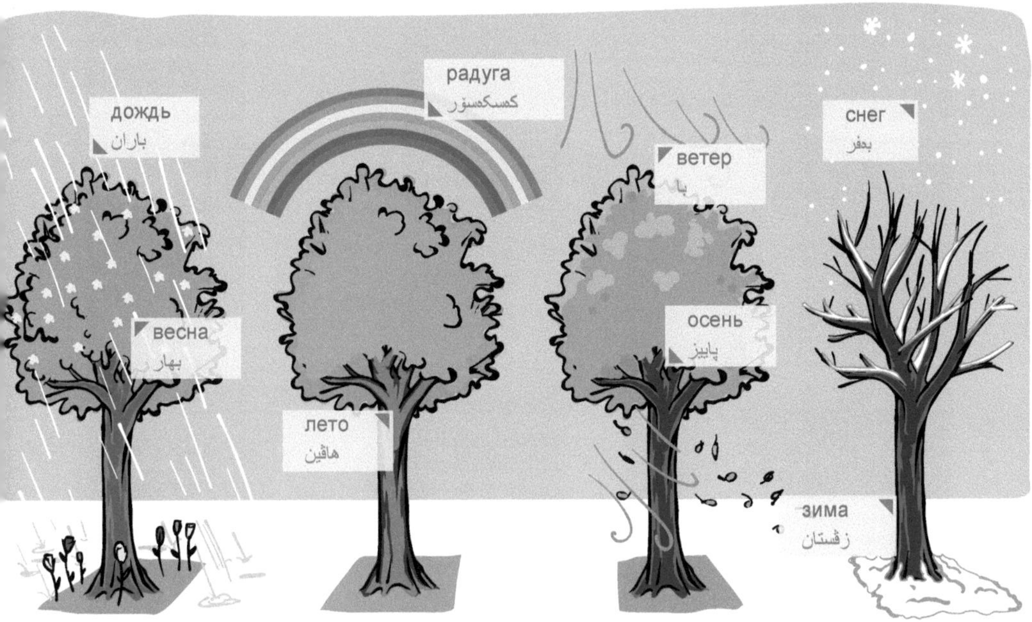

дождь
باران
радуга
снег
ветер
با
весна
بهار
осень
پاییز
лето
зима
زڤستان

4.APRIL 11°
5.APRIL 4°
6.APRIL 13°
7.APRIL 8°
8.APRIL 10°

прогноз погоды

پێشبینیا هەوا

термометр

تەهنیپڤ

солнечный свет

تاڤ

туча

هەور

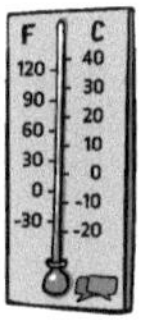

туман

مژ

влажность воздуха

هێمی

молния

برق

гром

برووسک

буря

تۆفان

град

تەرگ

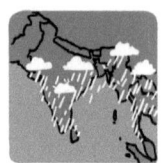

муссон

مانسوون

наводнение

لەهی

лёд

جەمەد

январь

رێبەندان

февраль

رەشەمە

март

نەورۆز

апрель

گولان

май

جۆزەردان

июнь

پووشپەر

июль

گەلاوێژ

август

خەرمانان

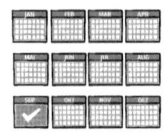

сентябрь

رەزبەر

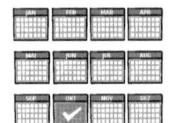

октябрь

کەوچێر

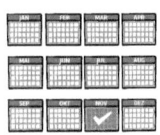

ноябрь

سەرماوەز

декабрь

بەفرانبار

формы

شێوە

круг

چەمبەر

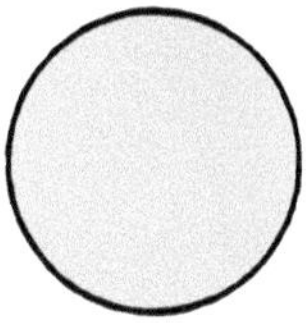

квадрат

چارچک

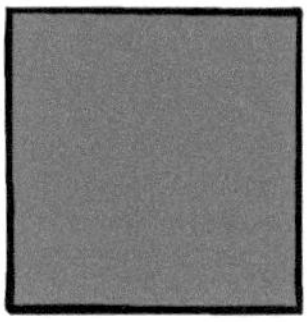

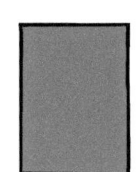

прямоугольник

چارقۆزی

треугольник

سێقۆزی

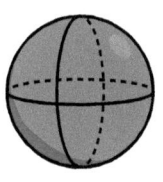

шар

قادا

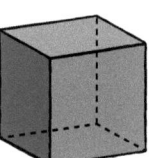

куб

خشتەک

цвета

رەنگان

белый

سپی

желтый

زەر

оранжевый

پرتەقالی

розовый

پەمبە

красный

سۆر

лиловый

مۆر

синий

شین

зелёный

کەسک

коричневый

قەهوەیی

серый

گەور

черный

رەش

много / мало

زۆر / كەم

яростный / мирный

ب هێرس / بێدەنگ

красивый / уродливый

بەدەو / نەرند

начало / конец

دەستپێك / داوی

большой / маленький

مەزن / بچووك

светлый / темный

رۆنی / تاری

брат / сестра

براک / خوشک

чистый / грязный

پاگز / گرێژ

полный / неполный

تەڤی / نەتەمام

день / ночь

رۆژ / شەڤ

мёртвый / живой

مری / زندی

широкий / узкий

فرە / تەنگ

съедобный / несъедобный

خوەش / نەخوەش

злой / дружелюбный

نەباش / باش

взволнованный / скучающий

ب هەیەجان / ناجز

толстый / худой

قەلەو / زراڤ

сначала / в конце

یەکەمین / داوین

друг / враг

هەڤال / دژمن

полный / пустой

تژی / ڤالا

твёрдый / мягкий

رەق / نەرم

тяжёлый / легкий

گران / سڤک

голод / жажда

برچی / تینی

больной / здоровый

نەخوەش / ساخ

незаконный / законный

نەقانوونی / قانوونی

умный / глупый

رەوشەنبیر / بالووله

слева / справа

چەپ / راست

близко / далеко

نێزی / دوور

новый / подержанный

....

نوو / بکارهاتی

ничто / нечто

....

هیچ / تشتەک

старый / молодой

....

کال / جوان

включено / выключено

....

ل / ژ

открыто / закрыто

....

ڤەکری / گرتی

тихо / громко

....

ئارام / دەنگبلند

богатый / бедный

....

دەولەمەند / رەبەن

правильный / неправильный

....

راست / شاش

шероховатый / гладкий

....

دڕ / هلوو

печальный / счастливый

....

خەمگین / شا

короткий / длинный

....

کورت / درێژ

медленный / быстрый

....

هێدی / زوو

мокрый / сухой

....

شل / زوا

тёплый / прохладный

....

گەرم / هێنک

война / мир

....

شەڕ / ئاشتی

цифры

هەژماران

0

ноль

سفر

1

один

یەک

2

два

دوو

3

три

سێ

4

четыре

چار

5

пять

پێنج

6

шесть

شەش

7

семь

هەفت

8

восемь

هەشت

9

девять

نەه

10

десять

دەه

11

одиннадцать

یازده

12

двенадцать

....

دازده

13

тринадцать

....

سێزده

14

четырнадцать

....

چارده

15

пятнадцать

....

پازده

16

шестнадцать

....

شازده

17

семнадцать

....

هەفده

18

восемнадцать

....

هەژده

19

девятнадцать

....

نۆزدەه

20

двадцать

....

بیست

100

сто

....

سەد

1.000

тысяча

....

هەزار

1.000.000

миллион

....

ملیۆن

языки

زمانان

английский

ئینگلیزی

американский английский

ئنگلیزیا ئامەریکی

мандаринский китайский

چینی ماندارین

хинди

هێندی

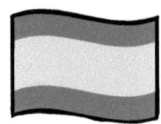

испанский

ئیسپانیۆلی

французский

فرەنسی

арабский

ئەرەبی

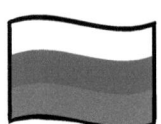

русский

رووسی

португальский

پۆرتوگالی

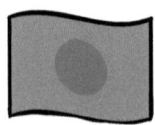

бенгальский

بەنگالی

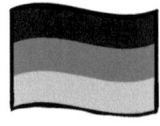

немецкий

ئەلمانی

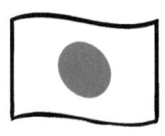

японский

ژاپۆنی

кто / что / как

کی / چ / چاوا

я

من

ты

تو

он / она / оно

ئەو / ئەڤ / ئەو

мы

ئەم

вы

تو

они

ئەو

кто?

کی؟

что?

چ؟

как?

چاوا؟

где?

کیدەرێ؟

когда?

کەنگی؟

имя

ناڤ

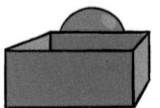

где

کوو

за

پشتی

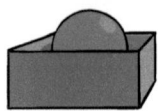

в

перед

پێشی

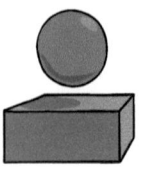

над

سەر

на

سەر

под

بن

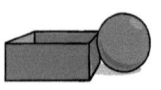

рядом

کێلەک

между

ناڤبەر

место

جە